우등생도 자꾸 헷갈리는 한글 띄어쓰기

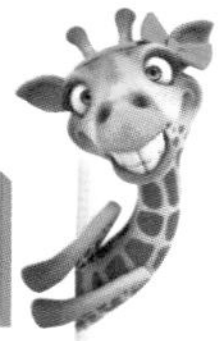

어린이 따라 쓰기 시리즈 4

우등생도 자꾸 헷갈리는 한글 띄어쓰기

지은이 장은주, 김정희
펴낸이 정규도
펴낸곳 (주)다락원

초판 1쇄 발행 2015년 11월 6일
4쇄 발행 2024년 1월 23일

책임편집 최운선
디자인 김성희, 이승현

다락원 경기도 파주시 문발로 211
내용문의: (02)736-2031 내선 275
구입문의: (02)736-2031 내선 250~252
Fax: (02)732-2037
출판등록 1977년 9월 16일 제406-2008-000007호

ISBN 978-89-277-4637-9 64700
       978-89-277-4627-0 64080(set)

http://www.darakwon.co.kr
다락원 홈페이지를 통해 인터넷 주문을 하시면 자세한 정보와 함께 다양한 혜택을 받으실 수 있습니다.

우등생도 자꾸 헷갈리는 한글 띄어쓰기

장은주, 김정희 지음

다락원

띄어쓰기를 바르게 한 문장은 어느 것일까요?

다른사람이 책을 읽어주는 것을 들어본 적이 있나요?

다른 사람이 책을 읽어 주는것을 들어 본적이 있나요?

다른 사람이 책을 읽어주는것을 들어 본적이있나요?

다른 사람이 책을 읽어 주는 것을 들어 본 적이 있나요?

다	른		사	람	이		책	을		읽	어		주	는
것	을		들	어		본		적	이		있	나	요	?

이렇게 띄어 써야 한답니다.

우리말 띄어쓰기 정말 어렵죠?
그렇다면 초등학생들이 가장 많이
틀린 부분은 어디였을까요?

교사들은 학생들이 '주는 것'을 띄어쓰기가 가장 어려울 것으로 예상했습니다. 그러나 아이들이 가장 많이 틀린 부분은 **'읽어 주는'**, **'들어 본'** 이었답니다.
'주는 것'은 1, 2학년 받아쓰기 문제에서 집중적으로 연습하여 많이 익숙해져 있었기 때문이지요.
교사들이 생각하기에 쉬운 띄어쓰기도 의외로 아이들은 많이 틀린다는 것을 발견하고 받아쓰기 오답을 분석해 보았어요. 아이들의 오답 속에서 띄어쓰기 지도 방향을 찾을 수 있었답니다.

첫째, 같은 유형의 띄어쓰기를 묶어 연습하기입니다.
국어 문법의 띄어쓰기 원칙을 설명하면 좋겠지만, 어린아이들에게 국어 문법의 규칙을 설명하는 것은 어려운 일이지요. 그래서 문법의 규칙을 설명하는 것 보다는 같은 유형의 띄어쓰기들을 묶어 연습하게 하여 띄어쓰기의 감을 기르자는 것을 목표로 이 책을 구성하였습니다.

둘째, 많이 연습해서 띄어쓰기를 익숙하게 하는 것입니다.
많이 연습해서 익숙해진 띄어쓰기는 실수하지 않는 법이지요. 띄어쓰기를 연습하면서 올바른 맞춤법까지, 이게 바로 일석이조 아닐까요?

이 책을 통해 많이 연습하여 실수하지 않는 띄어쓰기로 국어 생활에, 또한 학업에 많은 도움이 되길 바랍니다.

지은이 **장은주, 김정희**

차례

띄어 씁시다

낱말과 낱말 사이는 띄어 써요.

❶ 운동회 날 아침　　　　　　　　10
❷ 멀고 먼 숲 속 나라　　　　　　　12
❸ 왜 안 돌아가지?　　　　　　　　14
❹ 해가 뜨기 시작할 때　　　　　　16
❺ 우리 집에 놀러 올래?　　　　　　18
❻ 궁금해서 못 참겠어요.　　　　　20
❼ 염려 마세요.　　　　　　　　　　22
❽ 나무 옆을 지나　　　　　　　　　24
❾ 큰 곰이 아기 곰을 데리고　　　　26
❿ 정성 들여 만듭니다.　　　　　　28

수와 단위는 띄어 써요.

❶ 누렁소 세 마리　　　　　　　　　30
❷ 열세 살이 되면　　　　　　　　　32
❸ 고무신 한 짝을 꺼냈어요.　　　　34

수는 만 단위로 띄어 써요.

57,821 → 오만 칠천팔백이십일　　36

이름과 호칭은 띄어 써요.

이순신 장군을 존경합니다.　　　　38

혼자 쓸 수 없는 말이지만 띄어 써요.

❶ 숲을 살릴 수 있어요.　　　　　　40
❷ 눈물이 달랑 맺힌 채　　　　　　　42
❸ 안 갈 거예요.　　　　　　　　　　44
❹ 발을 본 적이 있습니까?　　　　　46
❺ 소리 나는 대로　　　　　　　　　48
❻ 너 때문에 힘들어!　　　　　　　　50
❼ 숨이 멎는 듯 답답했다.　　　　　52
❽ 제 할 나름이다.　　　　　　　　　54

뜻을 보태어 주는 말은 띄어 써요.

❶ 어려움을 견뎌 냈다.　　　　　　56
❷ 힘이 센가 보다.　　　　　　　　　58
❸ 눈이 쌓여 있다.　　　　　　　　　60
❹ 큰 종이를 걸어 놓고　　　　　　62
❺ 별나라에 가고 싶습니다.　　　　64

등, 대, 및, 겸은 띄어 써요.

피자, 햄버거 등 인스턴트 음식　　66

붙여 씁시다

🐳 알고 보면 한 단어, 붙여 써요.

❶ 물속으로 들어갔다.   70

❷ 닭똥 같은 눈물   72

❸ 알록달록 꽃수 놓은   74

❹ 친구와 말다툼을 하였다.   76

❺ 서로 선물도 주고받습니다.   78

❻ 기회만 엿보고 있었지요.   80

❼ 노인을 찾아갔습니다.   82

❽ 신발에 물이 들어간다.   84

❾ 질서 없이 내려앉았다.   86

❿ 책을 발견하였습니다.   88

⓫ 너를 꼭 도와줄게.   90

⓬ 기차가 덜컹덜컹한다.   92

🐳 뜻을 도와주기 위해 앞말에 붙여 써요.

❶ 형은 책을 많이 읽어요.   94

❷ 별빛처럼 맑은 웃음소리   96

❸ 너같이 멋진 친구   98

❹ 엄마밖에 없어.   100

❺ 단추를 누르면 낙하산으로도 변해요.   102

❻ 빨간불인데 건너면 안 돼!   104

❼ 세 살 때부터   106

🐳 수와 단위지만 붙여 써요.

❶ 두시 삼십분 오초입니다.   108

❷ 언니는 10살이에요.   110

정답   114

띄어 씁시다.

낱말과 낱말 사이는 띄어 써요.

수와 단위는 띄어 써요.

수는 만 단위로 띄어 써요.

이름과 호칭은 띄어 써요.

혼자 쓸 수 없는 말이지만 띄어 써요.

뜻을 보태어 주는 말은 띄어 써요.

등, 대, 및, 겸은 띄어 써요.

🍌 운동회ˇ날ˇ아침

1	운	동	회		날		아	침				

2	비		오	는		날						

3	해	와		같	이		밝	은		달		

4	옆		동	굴	에		사	는		도	깨	비

5	소	리	나		모	양	을		흉	내		낸		말

우리 말 띄어쓰기 　첫 번째 약속 　

낱말과 낱말 사이는 원칙적으로 띄어 쓴답니다.

바르게 따라 써 보세요.

1. 운동회 날 아침

2. 비 오는 날

3. 해와 같이 밝은 달

4. 옆 동굴에 사는 도깨비

5. 소리나 모양을 흉내 낸 말

소리 내어 읽으며 한 번 더 써 보세요.

1.

2.

3.

4.

5.

🍌 멀고 먼 숲 속 나라

1 | 멀 | 고 | | 먼 | | 숲 | | 속 | | 나 | 라 | | |

2 | 따 | 뜻 | 한 | | 이 | 불 | | 속 | | | | |

3 | 우 | 물 | | 속 | | 개 | 구 | 리 | | | | |

4 | 수 | 박 | | 속 | 만 | | 파 | 먹 | 는 | | 동 | 생 | |

5 | 드 | 라 | 마 | | 속 | 에 | 서 | 나 | | 가 | 능 | 한 | | 일 |

알쏭달쏭 띄어쓰기   산속, 맘속, 물속, **숲 속**

🍃 숲 속은 띄어 쓰면서 산속은 왜 붙여 쓸까요?

산속, 맘속, 물속은 한 단어라서 붙여 쏜답니다.

바르게 따라 써 보세요.

1. 멀고 먼 숲 속 나라

2. 따뜻한 이불 속

3. 우물 속 개구리

4. 수박 속만 파먹는 동생

5. 드라마 속에서나 가능한 일

소리 내어 읽으며 한 번 더 써 보세요.

1.

2.

3.

4.

5.

왜 안 돌아가지?

1 | 왜 | | 안 | | 돌 | 아 | 가 | 지 | ? | | | |

2 | 지 | 금 | 은 | | 안 | | 됩 | 니 | 다 | . | | |

3 | 걱 | 정 | | 안 | | 해 | 도 | | 되 | 겠 | 네 | . |

4 | 사 | 람 | | 얼 | 굴 | 을 | | 안 | | 닮 | 은 | | 로 | 봇 |

5 | 안 | | 봐 | 도 | | 질 | | 게 | | 뻔 | 해 | ! |

바르게 띄어 써 보세요.

우리는자매지만서로안닮았어요.

14

바르게 따라 써 보세요.

① 왜 안 돌아가지?

② 지금은 안 됩니다.

③ 걱정 안 해도 되겠네.

④ 사람 얼굴을 안 닮은 로봇

⑤ 안 봐도 질 게 뻔해!

소리 내어 읽으며 한 번 더 써 보세요.

①

②

③

④

⑤

🍌 해가ˇ 뜨기ˇ 시작할ˇ 때

| 1 | 해 | 가 | | 뜨 | 기 | | 시 | 작 | 할 | | 때 | | |

| 2 | 딱 | 지 | | 따 | 먹 | 기 | | 할 | | 때 | | |

| 3 | 딱 | 지 | 가 | | 홀 | 딱 | | 넘 | 어 | 갈 | | 때 | |

| 4 | 집 | | 지 | 킬 | | 때 | | 같 | 이 | | 있 | 으 | 면 |

| 5 | 다 | 른 | | 사 | 람 | 을 | | 응 | 원 | 할 | | 때 | |

바르게 띄어 써 보세요.

집에혼자있을때뭐하고노니?

| | | | | | | | | | | | | |
| | | | | | | | | | | | | |

바르게 따라 써 보세요.

1. 해가 뜨기 시작할 때
2. 딱지 따먹기 할 때
3. 딱지가 홀딱 넘어갈 때
4. 집 지킬 때 같이 있으면
5. 다른 사람을 응원할 때

소리 내어 읽으며 한 번 더 써 보세요.

1.
2.
3.
4.
5.

🍌 우리 ˇ 집에 ˇ 놀러 ˇ 올래?

| 1 | 우 | 리 | | 집 | 에 | | 놀 | 러 | | 올 | 래 | ? | | |

| 2 | 꽃 | 을 | | 피 | 워 | | 줘 | . | | | | | | |

| 3 | 떡 | 갈 | 나 | 무 | | 잎 | | 좀 | | 따 | | 가 | 자 | . |

| 4 | 별 | 로 | | 아 | 프 | 지 | | 않 | 네 | ? | | | | |

| 5 | 운 | 동 | 장 | 에 | 서 | | 놀 | 고 | | 싶 | 어 | | 해 | . |

바르게 띄어 써 보세요.

복도에서넘어졌는데안아픈지더놀고싶어해.

| | | | | | | | | | | | |
| | | | | | | | | | | | |

바르게 따라 써 보세요.

1. 우리 집에 놀러 올래?

2. 꽃을 피워 줘.

3. 떡갈나무 잎 좀 따 가자.

4. 별로 아프지 않네?

5. 운동장에서 놀고 싶어 해.

소리 내어 읽으며 한 번 더 써 보세요.

1.

2.

3.

4.

5.

🍌 궁금해서 ˇ못ˇ 참겠어요.

| 1 | 궁 | 금 | 해 | 서 | | 못 | | 참 | 겠 | 어 | 요 | . | | |

| 2 | 뭐 | | 하 | 고 | | 놀 | 까 | ? | | | | | | |

| 3 | 이 | 게 | | 다 | | 뭐 | 야 | ? | | | | | | |

| 4 | 낮 | 잠 | | 좀 | | 자 | 게 | | 조 | 용 | 히 | | 해 | ! |

| 5 | 심 | 부 | 름 | 도 | | 더 | | 잘 | 할 | 게 | 요 | . | | |

바르게 띄어 써 보세요.

밤을팔아서돈을더벌었대.

바르게 따라 써 보세요.

① 궁 금 해 서 　 못 　 참 겠 어 요 .

② 뭐 　 하 고 　 놀 까 ?

③ 이 게 　 다 　 뭐 야 ?

④ 낮 잠 　 좀 　 자 게 　 조 용 히 　 해 !

⑤ 심 부 름 도 　 더 　 잘 할 게 요 .

소리 내어 읽으며 한 번 더 써 보세요.

①

②

③

④

⑤

🍌 염려 ˇ 마세요.

1	염	려		마	세	요	.				

2	자	신		있	게		말	하	고		싶	어	요	.

2 자 신 　 있 게 　 말 하 고 　 싶 어 요 .

3 선 생 님 께 서 　 칭 찬 해 　 주 셨 다 .

4 토 끼 를 　 만 나 러 　 가 고 　 있 다 .

5 병 원 에 　 갔 다 　 오 자 .

바르게 띄어 써 보세요.

자신있게말했다고선생님께서칭찬해주셨다.

바르게 따라 써 보세요.

1. 염려 마세요.

2. 자신 있게 말하고 싶어요.

3. 선생님께서 칭찬해 주셨다.

4. 토끼를 만나러 가고 있다.

5. 병원에 갔다 오자.

소리 내어 읽으며 한 번 더 써 보세요.

1.

2.

3.

4.

5.

🍌 나무˅옆을˅지나

1 | 나 | 무 | | 옆 | 을 | | 지 | 나 | | | |

2 | 울 | 타 | 리 | | 뒤 | 에 | | 숨 | 었 | 습 | 니 | 다 | . |

3 | 이 | | 산 | | 저 | | 산 | | 쫓 | 아 | 다 | 니 | 느 | 라 |

4 | 공 | 차 | 기 | 를 | | 하 | 고 | | 난 | | 뒤 | |

5 | 책 | | 밖 | 으 | 로 | | 나 | 오 | 는 | 데 | |

이 산 저 산 ○   이산 저산 ○   **이것 저것** ○   이 것 저 것 ✕

🌿 이 산은 띄어 쓰면서 이것은 왜 붙여 쓸까요?

'이 산'은 각각의 낱말이라서 띄어 쓰지만, '이것'과 '저것'은 한 단어이기 때문에 붙여서 쓴답니다. 그러나 '이산 저산', '이집 저집'처럼 반복되는 말은 붙여 쓰기도 한답니다.

바르게 따라 써 보세요.

① 나무 옆을 지나

② 울타리 뒤에 숨었습니다.

③ 이 산 저 산 쫓아다니느라

④ 공차기를 하고 난 뒤

⑤ 책 밖으로 나오는데

소리 내어 읽으며 한 번 더 써 보세요.

①

②

③

④

⑤

🍌 큰 ˇ곰이 아기 ˇ곰을 ˇ데리고

1 | 큰 | | 곰 | 이 | | 아 | 기 | | 곰 | 을 | | 데 | 리 | 고 |

2 | 첫 | 째 | | 손 | 가 | 락 | 과 | | 둘 | 째 | | 손 | 가 | 락 |

3 | 분 | 홍 | | 꽃 | | 송 | 이 | 송 | 이 | 가 | | | | |

4 | 커 | 다 | 란 | | 검 | 정 | | 고 | 무 | 신 | | | | |

5 | 다 | | 같 | 이 | | 춤 | 을 | | 추 | 었 | 어 | 요 | . | |

바르게 띄어 써 보세요.

둘째토요일에우리다같이만나요!

바르게 따라 써 보세요.

① 큰 곰이 아기 곰을 데리고

② 첫째 손가락과 둘째 손가락

③ 분홍 꽃 송이송이가

④ 커다란 검정 고무신

⑤ 다 같이 춤을 추었어요.

소리 내어 읽으며 한 번 더 써 보세요.

①

②

③

④

⑤

정성 ˇ 들여 ˇ 만듭니다.

1 | 정 | 성 | | 들 | 여 | | 만 | 듭 | 니 | 다 | . | | |

2 | 정 | 성 | 껏 | | 지 | 어 | | 주 | 신 | | 설 | 빔 | |

3 | 입 | 에 | 서 | | 터 | 져 | | 나 | 오 | 는 | | 말 | 소 | 리 |

4 | 앉 | 아 | | 있 | 을 | | 틈 | 이 | | 없 | 다 | . | |

5 | 이 | | 알 | 을 | | 꺼 | 내 | | 가 | 야 | 지 | . | |

바르게 띄어 써 보세요.

선물은정성들여골라야한다.

바르게 따라 써 보세요.

1 정성 들여 만듭니다.

2 정성껏 지어 주신 설빔

3 입에서 터져 나오는 말소리

4 앉아 있을 틈이 없다.

5 이 알을 꺼내 가야지.

소리 내어 읽으며 한 번 더 써 보세요.

1

2

3

4

5

🍌 누렁소 ˇ 세 ˇ 마리

1 | 누 | 렁 | 소 | | 세 | | 마 | 리 | | | |

2 | 주 | 사 | | 한 | | 대 | 만 | | 맞 | 자 | ! | |

3 | 재 | 주 | 꾼 | | 오 | | 형 | 제 | | | | |

4 | 맛 | 있 | 는 | | 김 | 밥 | | 두 | | 줄 | | |

5 | 그 | | 뒤 | 를 | | 일 | 곱 | | 난 | 쟁 | 이 | 들 | 이 |

우리 말 띄어쓰기   두 번째 약속

수와 단위 사이는 띄어 씁니다. 숫자는 만 단위로 띄어 써요.
한 개, 두 번째, 세 마리, 네 명, 다섯 포기, 여섯 장 등 단위를 나타내는 말은 아주 많아요.

바르게 따라 써 보세요.

1. 누 렁 소　세　마 리

2. 주 사　한　대 만　맞 자 !

3. 재 주 꾼　오　형 제

4. 맛 있 는　김 밥　두　줄

5. 그　뒤 를　일 곱　난 쟁 이 들 이

소리 내어 읽으며 한 번 더 써 보세요.

1.

2.

3.

4.

5.

🍌 열세 ˇ 살이 ˇ 되면

1

열	세		살	이		되	면				

2

한		줄	기	에		매	달	린		은	방	울

3

태	어	난		지		육		개	월	쯤		되	면

4

스	무		개	가		넘	습	니	다	.

5

구	천	이	백		원	이		나	왔	습	니	다	.

바르게 띄어 써 보세요.

배추서른포기로김장을했어요.

바르게 따라 써 보세요.

1. 열세 살이 되면

2. 한 줄기에 매달린 은방울

3. 태어난 지 육 개월쯤 되면

4. 스무 개가 넘습니다.

5. 구천이백 원이 나왔습니다.

소리 내어 읽으며 한 번 더 써 보세요.

1.

2.

3.

4.

5.

🍌 고무신ˇ한ˇ짝을ˇ꺼냈어요.

1 | 고 | 무 | 신 | | 한 | | 짝 | 을 | | 꺼 | 냈 | 어 | 요 | . |

2 | 포 | 도 | | 두 | | 송 | 이 | 를 | | 씻 | 어 | |

3 | 연 | 필 | | 일 | 곱 | | 자 | 루 | 가 | | 필 | 통 | 에 |

4 | 돛 | 단 | 배 | | 열 | | 척 | 이 | | 나 | 루 | 터 | 에 |

5 | 동 | 화 | 책 | | 스 | 무 | | 권 | 을 | | 읽 | 었 | 다 | . |

 우리 말 퀴즈!

❀ 알맞은 단위끼리 줄로 이어 보세요.

나무 ·　　　　　　· 그루

배추 ·　　　　　　· 채

기와집 ·　　　　　· 벌

옷 ·　　　　　　　· 장

종이 ·　　　　　　· 포기

바르게 따라 써 보세요.

1. 고무신 한 짝을 꺼냈어요.

2. 포도 두 송이를 씻어

3. 연필 일곱 자루가 필통에

4. 돛단배 열 척이 나루터에

5. 동화책 스무 권을 읽었다.

소리 내어 읽으며 한 번 더 써 보세요.

1.

2.

3.

4.

5.

🍌 57,821 → 오만 칠천팔백이십일

1 오만 칠천팔백이십일

2 엄마는 서른여덟 살이세요.

3 1억 2345만 6789

4 삼만 사천 원짜리 옷

5 우리나라 인구는 오천백사십육만 오천 명 정도 됩니다.

생각 도우미

'서른여덟'이나 '이백스물다섯'은 만 단위를 넘지 않기 때문에 모두 붙여서 쓰지요. 원고지에 숫자를 쓸 때는 한 칸에 두 개씩 쓰는 경우가 많답니다.

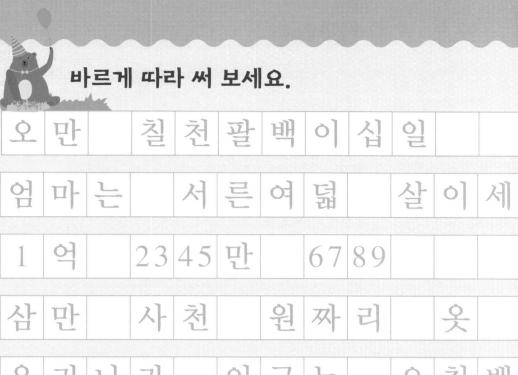

바르게 따라 써 보세요.

① 오 만　칠 천 팔 백 이 십 일

② 엄 마 는　서 른 여 덟　살 이 세 요 .

③ 1 억　2 3 4 5 만　6 7 8 9

④ 삼 만　사 천　원 짜 리　옷

⑤ 우 리 나 라　인 구 는　오 천 백 사 십 육 만　오 천　명　정 도　됩 니 다 .

소리 내어 읽으며 한 번 더 써 보세요.

①

②

③

④

⑤

이순신˅장군을˅존경합니다.

1 이순신 장군을 존경합니다.

2 김구 선생님의 백범일지

3 김철수 군과 이영희 양

4 정진규 부장님의 가족사진

5 서원희 씨 앉아 주세요.

우리 말 띄어쓰기 세 번째 약속

성과 이름은 붙여 쓰지만 이름 뒤에 오는 **님, 씨, 옹, 군, 양** 등의 호칭을 쓸 때는 띄어 쓴답니다. 옹은 남자 노인을 높여 부를 때 쓰는 말이에요.

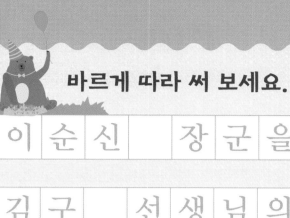

바르게 따라 써 보세요.

1. 이순신　장군을　존경합니다.

2. 김구　선생님의　백범일지

3. 김철수　군과　이영희　양

4. 정진규　부장님의　가족사진

5. 서원희　씨　앉아　주세요.

소리 내어 읽으며 한 번 더 써 보세요.

1.

2.

3.

4.

5.

숲을ˇ살릴ˇ수ˇ있어요.

1

| 숲 | 을 | | 살 | 릴 | | 수 | | 있 | 어 | 요 | . | | |

2

| 난 | | 늦 | 을 | | 수 | 밖 | 에 | | 없 | 어 | 요 | . |

3

| 글 | 씨 | 를 | | 잘 | | 쓸 | | 수 | | 있 | 어 | 요 | . |

4

| 숨 | 을 | | 쉴 | | 수 | | 없 | 기 | | 때 | 문 | 에 |

5

| 함 | 께 | | 만 | 들 | | 수 | 도 | | 있 | 어 | 요 | . |

우리 말 띄어쓰기   네 번째 약속

다른 말에 기대어 쓰는 **수, 적, 것, 따름** 등과 같은 낱말은 앞말과 띄어 씁니다.
이런 낱말을 **의존명사**라고 하지요.

바르게 따라 써 보세요.

1. 숲을 살릴 수 있어요.

2. 난 늦을 수밖에 없어요.

3. 글씨를 잘 쓸 수 있어요.

4. 숨을 쉴 수 없기 때문에

5. 함께 만들 수도 있어요.

소리 내어 읽으며 한 번 더 써 보세요.

1.

2.

3.

4.

5.

눈물이˘ 달랑˘ 맺힌˘ 채

1 | 눈 | 물 | 이 | | 달 | 랑 | | 맺 | 힌 | | 채 | | |

2 | 실 | 망 | 한 | | 채 | | 돌 | 아 | 왔 | 어 | 요 | . |

3 | 보 | 고 | 도 | | 못 | | 본 | | 체 | | |

4 | 애 | 써 | | 태 | 연 | 한 | | 척 | 했 | 어 | 요 | . |

5 | 못 | | 들 | 은 | | 척 | | 대 | 꾸 | 하 | 지 | | 않 | 고 |

바르게 띄어 써 보세요.

옷을입은채로수영을했어요.

바르게 따라 써 보세요.

1. 눈물이 달랑 맺힌 채

2. 실망한 채 돌아왔어요.

3. 보고도 못 본 체

4. 애써 태연한 척했어요.

5. 못 들은 척 대꾸하지 않고

소리 내어 읽으며 한 번 더 써 보세요.

1.

2.

3.

4.

5.

🍌 안ˇ갈ˇ거예요.

| 1 | 안 | | 갈 | | 거 | 예 | 요 | . | | | | | |

| 2 | 혼 | 자 | 서 | | 만 | 든 | | 거 | 예 | 요 | . | | |

| 3 | 훨 | 훨 | | 날 | 아 | 가 | 는 | | 게 | | 뭘 | 까 | ? |

| 4 | 먹 | 을 | | 것 | 을 | | 찾 | 아 | | 나 | 왔 | 어 | 요 | . |

| 5 | 곰 | 이 | | 아 | 닌 | | 것 | | 같 | 기 | 도 | | 하 | 고 |

바르게 띄어 써 보세요.

배탈이난것도모르고먹을것을권했어요.

| | | | | | | | | | | | |
| | | | | | | | | | | | |

바르게 따라 써 보세요.

① 안　갈　거예요.

② 혼자서　만든　거예요.

③ 훨훨　날아가는　게　뭘까?

④ 먹을　것을　찾아　나왔어요.

⑤ 곰이　아닌　것　같기도　하고

소리 내어 읽으며 한 번 더 써 보세요.

①

②

③

④

⑤

발을 본 적이 있습니까?

1 | 발 | 을 | | 본 | | 적 | 이 | | 있 | 습 | 니 | 까 | ? |

2 | 외 | 국 | 에 | | 가 | | 본 | | 적 | 이 | | 없 | 다 | . |

3 | 그 | 런 | | 생 | 각 | 해 | | 본 | | 적 | | 없 | 네 | . |

4 | 감 | 기 | 에 | | 걸 | 린 | | 양 | | 콜 | 록 | 댔 | 다 | . |

5 | 얼 | 이 | | 빠 | 진 | | 양 | | 쳐 | 다 | 봤 | 다 | . |

알쏭달쏭 띄어쓰기   옛날 **옛적** ○   옛날 **옛 적** ✕

🍃 '옛날 옛적 호랑이 담배 피우던 시절에'라고 시작하는 재미있는 옛날이야기를 들어 본 적이 있나요?

옛적은 '아주 오래전'이라는 뜻의 한 단어랍니다. 그래서 붙여 쓰지요.

바르게 따라 써 보세요.

1. | 발 | 을 | | 본 | | 적 | 이 | | 있 | 습 | 니 | 까 | ? | |

2. | 외 | 국 | 에 | | 가 | | 본 | | 적 | 이 | | 없 | 다 | . |

3. | 그 | 런 | | 생 | 각 | 해 | | 본 | | 적 | | 없 | 네 | . |

4. | 감 | 기 | 에 | | 걸 | 린 | | 양 | | 콜 | 록 | 댔 | 다 | . |

5. | 얼 | 이 | | 빠 | 진 | | 양 | | 쳐 | 다 | 봤 | 다 | . | |

소리 내어 읽으며 한 번 더 써 보세요.

1.

2.

3.

4.

5.

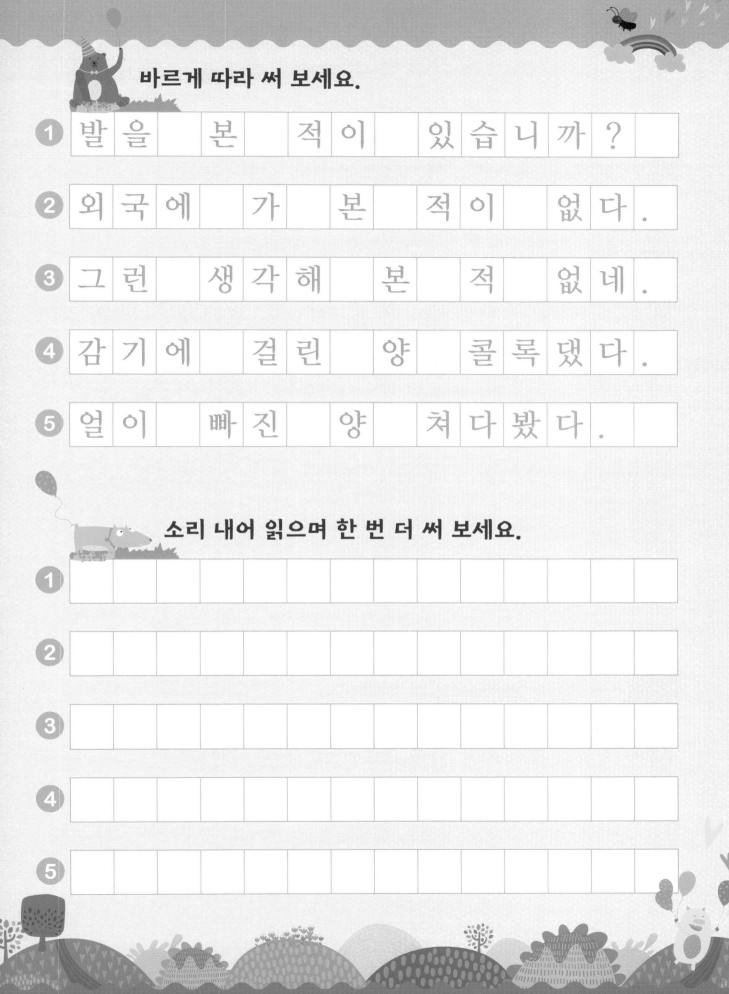

🍌 소리 나는 대로

1 | 소 | 리 | | 나 | 는 | | 대 | 로 | | | | |

2 | 달 | 라 | 는 | | 대 | 로 | | 다 | | 주 | 었 | 다 | . |

3 | 지 | 금 | | 가 | 는 | | 데 | 가 | | 어 | 디 | 니 | ? |

4 | 책 | 을 | | 다 | | 읽 | 는 | | 데 | | 사 | 흘 | 이 | 나 |

5 | 머 | 리 | | 아 | 픈 | | 데 | | 먹 | 는 | | 약 | |

바르게 띄어 써 보세요.

선생님께서말씀하신대로숙제를했어요.

| | | | | | | | | | | |
| | | | | | | | | | | |

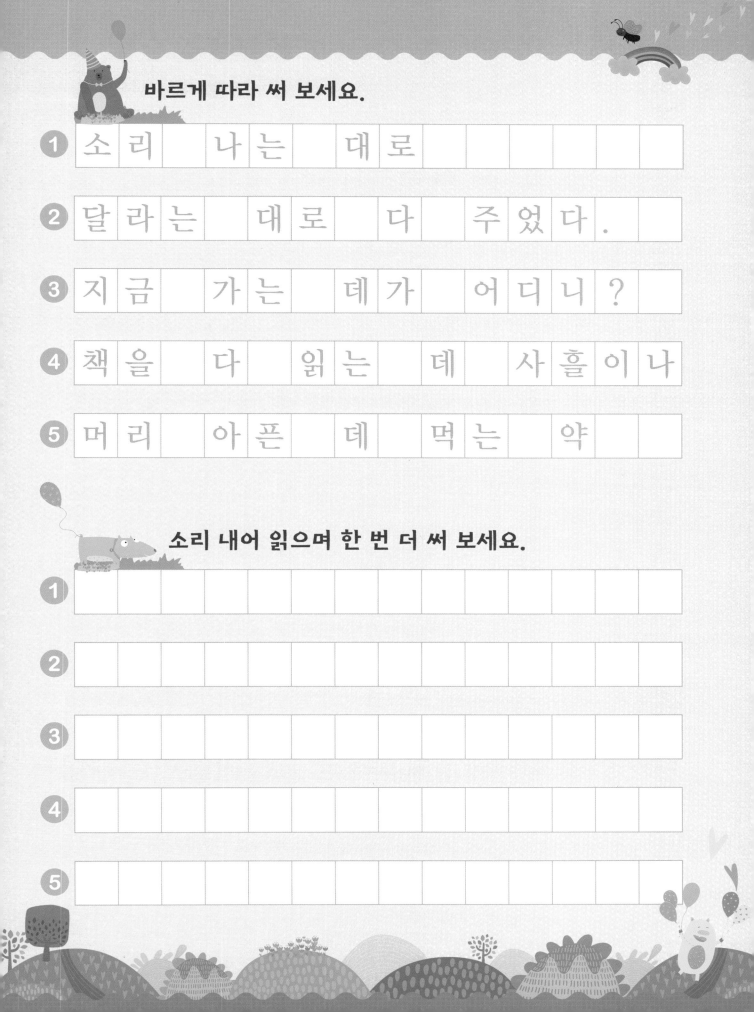

바르게 따라 써 보세요.

1 소리　나는　대로

2 달라는　대로　다　주었다.

3 지금　가는　데가　어디니?

4 책을　다　읽는　데　사흘이나

5 머리　아픈　데　먹는　약

소리 내어 읽으며 한 번 더 써 보세요.

1

2

3

4

5

너 때문에 힘들어!

1. | 너 | | 때 | 문 | 에 | | 힘 | 들 | 어 | ! | | | |

2. | 숙 | 제 | 가 | | 많 | 기 | | 때 | 문 | 에 | | 바 | 빠 | ! |

3. | 심 | 심 | 한 | | 터 | 에 | | 친 | 구 | 가 | | 왔 | 다 | . |

4. | 늦 | 는 | | 일 | 은 | | 없 | 을 | | 테 | 니 | 까 | |

5. | 놀 | 이 | 공 | 원 | 에 | | 꼭 | | 갈 | | 테 | 야 | ! | |

바르게 띄어 써 보세요.

담이없기때문에탱자나무로울타리를만들테야!

| | | | | | | | | | | | |
| | | | | | | | | | | | |

50

바르게 따라 써 보세요.

1. 너 때문에 힘들어!

2. 숙제가 많기 때문에 바빠!

3. 심심한 터에 친구가 왔다.

4. 늦는 일은 없을 테니까

5. 놀이공원에 꼭 갈 테야!

소리 내어 읽으며 한 번 더 써 보세요.

1.

2.

3.

4.

5.

🍌 숨이ˇ멎는ˇ듯ˇ답답했다.

1 | 숨 | 이 | | 멎 | 는 | | 듯 | | 답 | 답 | 했 | 다 | . | |

2 | 빼 | 다 | | 박 | 은 | | 듯 | | 닮 | 았 | 다 | . | | |

3 | 꾸 | 벅 | 꾸 | 벅 | | 조 | 는 | | 듯 | 이 | | 잔 | 다 | . |

4 | 그 | 저 | | 웃 | 을 | | 뿐 | | | | | | | |

5 | 소 | 문 | 으 | 로 | 만 | | 들 | 었 | 을 | | 뿐 | 이 | 네 | . |

바르게 띄어 써 보세요.

천연색소는음식을돋보이게합니다.

바르게 따라 써 보세요.

1 숨이 멎는 듯 답답했다.

2 빼다 박은 듯 닮았다.

3 꾸벅꾸벅 조는 듯이 잔다.

4 그저 웃을 뿐

5 소문으로만 들었을 뿐이네.

소리 내어 읽으며 한 번 더 써 보세요.

1

2

3

4

5

제 ˇ 할 ˇ 나름이다.

1 | 제 | | 할 | | 나 | 름 | 이 | 다 | . | | | | |

2 | 책 | 도 | | 책 | | 나 | 름 | 이 | 지 | . | | |

3 | 행 | 복 | 은 | | 생 | 각 | 하 | 기 | | 나 | 름 | 이 | 다 | . |

4 | 그 | 저 | | 기 | 쁠 | | 따 | 름 | 이 | 다 | . | |

5 | 최 | 선 | 을 | | 다 | 할 | | 따 | 름 | 이 | 다 | . |

바르게 띄어 써 보세요.

숯이냄새와잡균을없애준다니고마울따름이다.

| | | | | | | | | | | | | |
| | | | | | | | | | | | | |

바르게 따라 써 보세요.

① 제 할 나름이다.

② 책도 책 나름이지.

③ 행복은 생각하기 나름이다.

④ 그저 기쁠 따름이다.

⑤ 최선을 다할 따름이다.

소리 내어 읽으며 한 번 더 써 보세요.

①

②

③

④

⑤

🍌 어려움을 ˇ 견뎌 ˇ 냈다.

1 | 어 | 려 | 움 | 을 | | 견 | 뎌 | | 냈 | 다 | . | | |

2 | 편 | 지 | 를 | | 찢 | 어 | | 버 | 렸 | 다 | . | | |

3 | 공 | 을 | | 멀 | 리 | | 던 | 져 | | 버 | 리 | 니 | |

4 | 크 | 게 | | 웃 | 어 | | 댔 | 다 | . | | | | |

5 | 합 | 창 | 하 | 듯 | | 외 | 쳐 | | 댔 | 습 | 니 | 다 | . |

우리 말 띄어쓰기   다섯 번째 약속

다른 말 뒤에서 뜻을 보태어 주는 **하다, 보다, 버리다** 등과 같은 낱말은 앞말과 띄어 씁니다. 이런 낱말을 **보조용언**이라고 하지요.

1 어려움을　견뎌　냈다.

2 편지를　찢어　버렸다.

3 공을　멀리　던져　버리니

4 크게　웃어　댔다.

5 합창하듯　외쳐　댔습니다.

소리 내어 읽으며 한 번 더 써 보세요.

1

2

3

4

5

힘이 ∨ 센가 ∨ 보다.

1 | 힘 | 이 | | 센 | 가 | | 보 | 다 | . | | | |

2 | 정 | 신 | 을 | | 차 | 려 | | 보 | 니 | | | |

3 | 가 | 까 | 이 | | 가 | | 보 | 자 | . | | | |

4 | 순 | 서 | 를 | | 생 | 각 | 하 | 며 | | 써 | | 보 | 자 | . |

5 | 누 | 가 | | 노 | 래 | 를 | | 들 | 어 | | 봤 | 을 | 까 | ? |

**알쏭달쏭
띄어쓰기** 알아보자 ○ 알아 보자 ×

앞말의 뜻을 보태어 주는 말로 쓰일 때의 '보자'는 앞말과 띄어 쓰지만, '알아보자'는 한 단어이므로 붙여 써야 해요.

바르게 따라 써 보세요.

① 힘이　센가　보다.

② 정신을　차려　보니

③ 가까이　가　보자

④ 순서를　생각하며　써　보자.

⑤ 누가　노래를　들어　봤을까?

소리 내어 읽으며 한 번 더 써 보세요.

①

②

③

④

⑤

🍌 눈이 ˇ 쌓여 ˇ 있다.

| 1 | 눈 | 이 | | 쌓 | 여 | | 있 | 다 | . | | | |

| 2 | 하 | 늘 | 에 | | 해 | 가 | | 떠 | | 있 | 어 | 요 | . |

| 3 | 과 | 일 | 을 | | 깎 | 아 | | 드 | 렸 | 다 | . | |

| 4 | 동 | 생 | 을 | | 보 | 살 | 펴 | | 주 | 었 | 다 | . | |

| 5 | 가 | 방 | 을 | | 들 | 어 | | 줘 | 서 | | 고 | 마 | 워 | ! |

바르게 띄어 써 보세요.

백구는이름에서알수있듯이하얀털을가졌다.

| | | | | | | | | | | |
| | | | | | | | | | | |

바르게 따라 써 보세요.

① 눈이 쌓여 있다.

② 하늘에 해가 떠 있어요.

③ 과일을 깎아 드렸다.

④ 동생을 보살펴 주었다.

⑤ 가방을 들어 줘서 고마워!

소리 내어 읽으며 한 번 더 써 보세요.

①

②

③

④

⑤

🍌 큰 종이를 걸어 놓고

1. | 큰 | | 종 | 이 | 를 | | 걸 | 어 | | 놓 | 고 | | |

2. | 간 | 식 | 을 | | 만 | 들 | 어 | | 놓 | 으 | 셨 | 다 | . |

3. | 냉 | 장 | 고 | 에 | | 넣 | 어 | | 둔 | | 수 | 박 | |

4. | 책 | 상 | | 위 | 에 | | 올 | 려 | | 두 | 었 | 다 | . |

5. | 껍 | 질 | 을 | | 벗 | 겨 | | 달 | 라 | 고 | | | |

바르게 띄어 써 보세요.

할머니께서메주를방에매달아놓으셨다.

바르게 따라 써 보세요.

1. 큰 종이를 걸어 놓고
2. 간식을 만들어 놓으셨다.
3. 냉장고에 넣어 둔 수박
4. 책상 위에 올려 두었다.
5. 껍질을 벗겨 달라고

소리 내어 읽으며 한 번 더 써 보세요.

1.
2.
3.
4.
5.

🍌 별나라에 ⌄가고 ⌄싶습니다.

1 | 별 | 나 | 라 | 에 | | 가 | 고 | | 싶 | 습 | 니 | 다 | . | |
2 | 그 | 것 | 이 | | 알 | 고 | | 싶 | 다 | . | | | | |
3 | 책 | 이 | | 읽 | 고 | | 싶 | 으 | 면 | | 오 | 세 | 요 | . |
4 | 터 | 질 | | 듯 | 이 | | 익 | 어 | | 가 | 던 | | 열 | 매 |
5 | 일 | 이 | | 거 | 의 | | 다 | | 끝 | 나 | | 간 | 다 | . |

바르게 띄어 써 보세요.

이책을우리반친구들에게도소개해주고싶습니다.

| | | | | | | | | | | | | |
| | | | | | | | | | | | | |

바르게 따라 써 보세요.

1. 별나라에 가고 싶습니다.

2. 그것이 알고 싶다.

3. 책이 읽고 싶으면 오세요.

4. 터질 듯이 익어 가던 열매

5. 일이 거의 다 끝나 간다.

소리 내어 읽으며 한 번 더 써 보세요.

1.

2.

3.

4.

5.

등, 대, 및, 겸은 **띄어** 써요.

피자, 햄버거 등 인스턴트 음식

1

아	이	들	은		피	자	,		햄	버	거		등
인	스	턴	트		음	식	을		좋	아	한	다	.

2

청	군		대		백	군	으	로		나	뉘	었	다	.

3

학	생		및		학	부	모	님	들	은		

4

우	리	는		아	침		겸		점	심	을		먹
었	다	.											

우리 말 띄어쓰기　　**여섯 번째 약속**

여러 가지 예나 사실을 늘어놓을 때 사용하는 낱말인 **등, 대, 및, 겸**은 띄어
씁니다.

바르게 따라 써 보세요.

1. 아이들은 피자, 햄버거 등 인스턴트 음식을 좋아한다.

2. 청군 대 백군으로 나뉘었다.

3. 학생 및 학부모님들은

4. 우리는 아침 겸 점심을 먹었다.

소리 내어 읽으며 한 번 더 써 보세요.

1.

2.

3.

4.

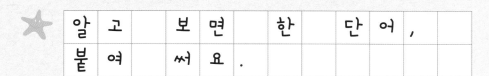

붙여 씁시다.

☆ 알고 보면 한 단어, 붙여 써요.

🪼 뜻을 도와주기 위해 앞말에 붙여 써요.

🐚 수와 단위지만 붙여 써요.

물속으로˘ 들어갔다.

1 | 물 | 속 | 으 | 로 | | 들 | 어 | 갔 | 다 | . | | | |

2 | 우 | 리 | 나 | 라 | | 대 | 한 | 민 | 국 | | | | |

3 | 새 | 벽 | 닭 | | 소 | 리 | 가 | | 들 | 려 | 오 | 자 | |

4 | 한 | 밤 | 중 | 이 | 에 | 요 | . | | | | | | |

5 | 말 | 끝 | 을 | | 흐 | 리 | 면 | | 안 | | 된 | 단 | 다 | . |

우리 말 띄어쓰기 일곱 번째 약속

한 단어는 원칙적으로 붙여 쓴답니다.
알고 보면 한 단어, 생각보다 많아요.

바르게 따라 써 보세요.

① 물 속 으 로 　 들 어 갔 다 .

② 우 리 나 라 　 대 한 민 국

③ 새 벽 닭 　 소 리 가 　 들 려 오 자

④ 한 밤 중 이 에 요 .

⑤ 말 끝 을 　 흐 리 면 　 안 　 된 단 다 .

소리 내어 읽으며 한 번 더 써 보세요.

①

②

③

④

⑤

닭똥˅ 같은˅ 눈물

1 닭똥 같은 눈물

2 뒷산에서

3 목덜미에 붙어

4 싱그러운 흙냄새가

5 가운뎃손가락으로 연필을 받친다.

생각 도우미

'물속', '닭똥'처럼 쪼갤 수 있는 낱말이지만 그 쓰임이 한 단어로 인정된 낱말들은 한 단어라고 사전에 올라 있습니다.
한 단어이니 붙여 써야겠지요.

바르게 따라 써 보세요.

1. 닭똥 같은 눈물

2. 뒷산에서

3. 목덜미에 붙어

4. 싱그러운 흙냄새가

5. 가운뎃손가락으로 연필을 받친다.

소리 내어 읽으며 한 번 더 써 보세요.

1.

2.

3.

4.

5.

알록달록ˇ꽃수ˇ놓은

1 | 알 | 록 | 달 | 록 | | 꽃 | 수 | | 놓 | 은 | | | |

2 | 색 | 동 | 저 | 고 | 리 | 를 | | 입 | 어 | 요 | . | | |

3 | 예 | 쁜 | | 눈 | 웃 | 음 | 을 | | 지 | 어 | 요 | . | |

4 | 돌 | 다 | 리 | 도 | | 두 | 들 | 겨 | | 보 | 자 | . | |

5 | 겨 | 울 | | 동 | 안 | 의 | | 먹 | 을 | 거 | 리 | 를 | 모 |
  | 으 | 기 | | 위 | 하 | 여 | | | | | | | |

생각 도우미

한 단어인지 아닌지 아리송하다면 국어원 누리집 "표준국어대사전"
을 이용해서 확인해 보세요.

① 알록달록　꽃수　놓은

② 색동저고리를　입어요.

③ 예쁜　눈웃음을　지어요.

④ 돌다리도　두들겨　보자.

⑤ 겨울　동안의　먹을거리를　모
으기　위하여

①

②

③

④

⑤

친구와 ˇ 말다툼을 ˇ 하였다.

1 | 친 | 구 | 와 | | 말 | 다 | 툼 | 을 | | 하 | 였 | 다 | . | |

2 | 갈 | 림 | 길 | 에 | 서 | | 왼 | 쪽 | 으 | 로 | | 가 | . | |

3 | 끝 | 맺 | 음 | 을 | | 잘 | 하 | 자 | . | | | | |

4 | 옛 | 날 | 과 | | 오 | 늘 | 날 | 의 | | 생 | 활 | | 모 | 습 |

5 | 아 | 가 | 야 | | 달 | 맞 | 이 | | 가 | 자 | . | | |

바르게 띄어 써 보세요.

웃어른께는높임말을써야해요.

| | | | | | | | | | | | | |
| | | | | | | | | | | | | |

바르게 따라 써 보세요.

1. 친구와 말다툼을 하였다.

2. 갈림길에서 왼쪽으로 가.

3. 끝맺음을 잘하자.

4. 옛날과 오늘날의 생활 모습

5. 아가야 달맞이 가자.

소리 내어 읽으며 한 번 더 써 보세요.

1.

2.

3.

4.

5.

서로˅선물도˅주고받습니다.

1 | 서 | 로 | | 선 | 물 | 도 | | 주 | 고 | 받 | 습 | 니 | 다 | . |

2 | 손 | 을 | | 잡 | 아 | 끌 | 고 | 서 | | 나 | 갔 | 다 | . |

3 | 소 | 를 | | 잡 | 아 | 먹 | 고 | | 싶 | 었 | 어 | 요 | . |

4 | 잡 | 혀 | 갈 | 까 | | 봐 | | 격 | 정 | 이 | | 돼 | . |

5 | 자 | 동 | 차 | | 사 | 이 | 를 | | 빠 | 져 | 나 | 와 | |

생각 도우미

'주고받습니다'의 '주다'와 '받다'도 서로 쪼갤 수 있는 낱말이지만, 사람들이 한 단어처럼 오래 사용해 왔기 때문에 사전에 '주고받다' 라는 한 단어로 올라와 있답니다.

바르게 따라 써 보세요.

① 서로　선물도　주고받습니다.

② 손을　잡아끌고서　나갔다.

③ 소를　잡아먹고　싶었어요.

④ 잡혀갈까　봐　걱정이　돼.

⑤ 자동차　사이를　빠져나와

소리 내어 읽으며 한 번 더 써 보세요.

①

②

③

④

⑤

기회만˅엿보고˅있었지요.

1 | 기 | 회 | 만 | | 엿 | 보 | 고 | | 있 | 었 | 지 | 요 | . | |

2 | 나 | 를 | | **빤** | 히 | | 쳐 | 다 | 보 | 는 | | 거 | 야 | . |

3 | 한 | 번 | | 찾 | 아 | 보 | 아 | 야 | 겠 | 어 | . |

4 | 좀 | | 더 | | 자 | 세 | 히 | | 알 | 아 | 보 | 아 | 라 | . |

5 | 문 | 을 | | 열 | 고 | | 안 | 을 | | 들 | 여 | 다 | 보 | 았 |
| 습 | 니 | 다 | . |

바르게 띄어 써 보세요.

안쓰러운눈으로나를내려다보았다.

| | | | | | | | | | | | |
| | | | | | | | | | | | |

① 기회만 엿보고 있었지요.

② 나를 빤히 쳐다보는 거야.

③ 한번 찾아보아야겠어.

④ 좀 더 자세히 알아보아라.

⑤ 문을 열고 안을 들여다보았습니다.

소리 내어 읽으며 한 번 더 써 보세요.

①

②

③

④

⑤

노인을 찾아갔습니다.

1 | 노 | 인 | 을 | | 찾 | 아 | 갔 | 습 | 니 | 다 | . | | |

2 | 소 | 리 | 를 | | 지 | 르 | 고 | | 돌 | 아 | 갔 | 습 | 니 | 다 | . |

3 | 냄 | 새 | 를 | | 묻 | 히 | 며 | | 기 | 어 | 갑 | 니 | 다 | . |

4 | 새 | 가 | | 하 | 늘 | 로 | | 날 | 아 | 갔 | 습 | 니 | 다 | . |

5 | 남 | 의 | | 일 | 을 | | 해 | | 주 | 며 | | 살 | 아 | 갔 |
| 습 | 니 | 다 | . |

바르게 띄어 써 보세요.

할아버지가돌아가시고난뒤

| | | | | | | | | | | | | | |
| | | | | | | | | | | | | | |

바르게 따라 써 보세요.

① 노인을　찾아갔습니다.

② 소리를　지르고　돌아갔습니다.

③ 냄새를　묻히며　기어갑니다.

④ 새가　하늘로　날아갔습니다.

⑤ 남의　일을　해　주며　살아갔
습니다.

소리 내어 읽으며 한 번 더 써 보세요.

①

②

③

④

⑤

신발에 ˇ 물이 ˇ 들어간다.

1 | 신 | 발 | 에 | | 물 | 이 | | 들 | 어 | 간 | 다 | . | | |

2 | 두 | | 줄 | 기 | 로 | | 뻗 | 어 | | 올 | 라 | 간 | 단 | 다 | . |

3 | 물 | | 위 | 로 | | 올 | 라 | 와 | 야 | | 해 | . | | |

4 | 소 | 방 | 차 | 가 | | 집 | | 앞 | 을 | | 지 | 나 | 간 | 다 | . |

5 | 종 | 이 | 배 | 가 | | 둥 | 실 | | 떠 | 내 | 려 | 간 | 다 | . |

바르게 띄어 써 보세요.

독수리가하늘위로날아갔다.

바르게 따라 써 보세요.

1. 신발에 물이 들어간다.

2. 두 줄기로 뻗어 올라간단다.

3. 물 위로 올라와야 해.

4. 소방차가 집 앞을 지나간다.

5. 종이배가 둥실 떠내려간다.

소리 내어 읽으며 한 번 더 써 보세요.

1.

2.

3.

4.

5.

질서 없이 내려앉았다.

1 질서 없이 내려앉았다.

2 연필을 내려놓고

3 마루 위에 기어올라 왔어.

4 다리를 구부려 뛰어올랐다.

5 너는 왜 복도에서 그렇게 뛰어다니니?

바르게 띄어 써 보세요.

다리를번쩍들고뛰어올랐다.

바르게 따라 써 보세요.

1. 질서 없이 내려앉았다.

2. 연필을 내려놓고

3. 마루 위에 기어올라 왔어.

4. 다리를 구부려 뛰어올랐다.

5. 너는 왜 복도에서 그렇게 뛰어다니니?

소리 내어 읽으며 한 번 더 써 보세요.

1.

2.

3.

4.

5.

책을 발견하였습니다.

1 | 책 | 을 | | 발 | 견 | 하 | 였 | 습 | 니 | 다 | . | | |

2 | 우 | 리 | | 엄 | 마 | 는 | | 재 | 미 | 있 | 으 | 십 | 니 | 다 | . |

3 | 웃 | 는 | | 소 | 리 | 가 | | 틀 | 림 | 없 | 습 | 니 | 다 | . |

4 | 집 | | 안 | 을 | | 돌 | 아 | 다 | 녔 | 습 | 니 | 다 | . |

5 | 친 | 구 | 를 | | 잘 | | 도 | 와 | 주 | 어 | 서 | | 믿 | 음 |
| 직 | 스 | 러 | 워 | . | | | | | | | | | |

바르게 띄어 써 보세요.

집을지을때는여러가지재료가필요합니다.

| | | | | | | | | | | | |
| | | | | | | | | | | | |

88

바르게 따라 써 보세요.

① 책을　발견하였습니다.

② 우리　엄마는　재미있으십니다.

③ 웃는　소리가　틀림없습니다.

④ 집　안을　돌아다녔습니다.

⑤ 친구를　잘　도와주어서　믿음
직스러워.

소리 내어 읽으며 한 번 더 써 보세요.

①

②

③

④

⑤

너를 ˇ꼭 ˇ도와줄게.

1 | 너 | 를 | | 꼭 | | 도 | 와 | 줄 | 게 | . | | | |

2 | 모 | 두 | | 둘 | 러 | 앉 | 아 | | | | | | |

3 | 사 | 자 | 가 | | 울 | 부 | 짖 | 고 | | 있 | 어 | 요 | . |

4 | 신 | 나 | 게 | | 뛰 | 노 | 는 | | 아 | 이 | 들 | | |

5 | 설 | 날 | 에 | | 새 | 로 | | 차 | 려 | 입 | 는 | | 옷 | 을 |
  | 설 | 빔 | 이 | 라 | 고 | | 합 | 니 | 다 | . | | | | |

바르게 띄어 써 보세요.

바느질을도와주는일곱동무가있었어요.

| | | | | | | | | | | | |
| | | | | | | | | | | | |

바르게 따라 써 보세요.

① 너를　꼭　도와줄게.

② 모두　둘러앉아

③ 사자가　울부짖고　있어요.

④ 신나게　뛰노는　아이들

⑤ 설날에　새로　차려입는　옷을
설빔이라고　합니다.

소리 내어 읽으며 한 번 더 써 보세요.

①

②

③

④

⑤

기차가 덜컹덜컹한다.

1 | 기 | 차 | 가 | | 덜 | 컹 | 덜 | 컹 | 한 | 다 | . | | | |

2 | 모 | 래 | 가 | | 햇 | 빛 | 에 | | 반 | 짝 | 반 | 짝 | 하 | 다 | . |

3 | 귓 | 속 | 말 | 을 | | 소 | 곤 | 소 | 곤 | 하 | 다 | . | | | |

4 | 불 | 안 | 해 | 하 | 는 | | 양 | | 떼 | 를 | | | | | |

5 | 힘 | 들 | 어 | 하 | 고 | | 있 | 을 | | 때 | | | | | |

서로잘못한것을깨닫고부끄러워했어요.

바르게 따라 써 보세요.

1. 기차가　덜컹덜컹한다.

2. 모래가　햇빛에　반짝반짝하다.

3. 귓속말을　소곤소곤하다.

4. 불안해하는　양　떼를

5. 힘들어하고　있을　때

소리 내어 읽으며 한 번 더 써 보세요.

1.

2.

3.

4.

5.

형은 책을 많이 읽어요.

1 | 형 | 은 | | 책 | 을 | | 많 | 이 | | 읽 | 어 | 요 | . | |

2 | 벗 | 을 | | 떠 | 나 | 보 | 내 | 는 | | 안 | 타 | 까 | 움 | |

3 | 감 | 탄 | 이 | | 절 | 로 | | 나 | 왔 | 다 | . | | | |

4 | 의 | 자 | 에 | | 등 | 받 | 이 | 가 | | 없 | 어 | | | |

5 | 순 | 이 | 는 | | 입 | 을 | | 삐 | 쭉 | 거 | 려 | 요 | . | |

우리 말 띄어쓰기 여덟 번째 약속

다른 말 뒤에 붙어 말의 뜻을 도와주는 **은, 는, 이, 가, 을, 를** 등과 같은 말은 앞말에 붙여 씁니다.

바르게 따라 써 보세요.

1. 형은　책을　많이　읽어요.

2. 벗을　떠나보내는　안타까움

3. 감탄이　절로　나왔다.

4. 의자에　등받이가　없어

5. 순이는　입을　삐쭉거려요.

소리 내어 읽으며 한 번 더 써 보세요.

1.

2.

3.

4.

5.

별빛처럼 맑은 웃음소리

1 | 별 | 빛 | 처 | 럼 | | 맑 | 은 | | 웃 | 음 | 소 | 리 | | |

2 | 도 | 깨 | 비 | 처 | 럼 | | 살 | 아 | | 움 | 직 | 이 | 는 | |

3 | 남 | 은 | | 꽃 | 마 | 저 | | 시 | 들 | 었 | 다 | . | |

4 | 내 | | 코 | 보 | 다 | | 예 | 쁜 | | 코 | | | |

5 | 비 | 가 | | 오 | 는 | | 것 | 보 | 다 | 는 | | 더 | 운 | |
| 게 | | 좋 | 잖 | 아 | ? | | | | | | | | |

생각 도우미

'철수가 먹었어'는 그냥 철수가 먹었다는 뜻이죠. 그런데 '철수는 먹었어'라는 문장에서는 철수는 먹었지만 다른 사람들은 안 먹었다는 뜻도 생각해 볼 수 있어요. 이렇게 말 뒤에 붙어 말의 뜻을 도와주는 말들을 '조사'라고 해요.

바르게 따라 써 보세요.

1. 별빛처럼 맑은 웃음소리

2. 도깨비처럼 살아 움직이는

3. 남은 꽃마저 시들었다.

4. 내 코보다 예쁜 코

5. 비가 오는 것보다는 더운 게 좋잖아?

소리 내어 읽으며 한 번 더 써 보세요.

1.

2.

3.

4.

5.

너같이 멋진 친구

1 너같이 멋진 친구

2 감쪽같이 사라져 버렸어.

3 맨 처음 나는 이를 젖니라
고 합니다.

4 나보다 어리니 동생이라고
부를게.

알쏭달쏭 띄어쓰기

🍃 뜻을 도와주는 말 '같이'는 앞말에 붙여 쓰지만, 낱말 '같은'은 띄어 써요.

너같이 멋진 친구 / 너와 같은 멋진 친구

🍃 '같이'나 '같은' 대신 '처럼'을 넣어 말이 되면 붙여 쓰고, 말이 안 되면 띄어 씁니다.

너처럼 멋진 친구 (○) ➡ 너같이 멋진 친구
너와 처럼 멋진 친구 (×) ➡ 너와 같은 멋진 친구

바르게 따라 써 보세요.

1. 너같이 멋진 친구

2. 감쪽같이 사라져 버렸어.

3. 맨 처음 나는 이를 젖니라고 합니다.

4. 나보다 어리니 동생이라고 부를게.

소리 내어 읽으며 한 번 더 써 보세요.

1.

2.

3.

4.

엄마밖에 없어.

1 엄마밖에 없어.

2 겨우 요만큼밖에 못 했네.

3 너뿐만 아니라

4 민족의 바람은 통일뿐이다.

5 사과는커녕 화를 내고 있다.

알쏭달쏭 띄어쓰기

🌿 앞말의 뜻을 도와주는 '뿐'(조사)은 붙여 쓰지만, 다른 말에 기대어 쓰는 '뿐'(의존명사)은 띄어 써요.

너뿐이야. (앞말의 뜻을 도와주는 조사)

열심히 했을 뿐이야. (다른 말에 기대어 쓰는 의존명사)

바르게 따라 써 보세요.

1. 엄마밖에 없어.

2. 겨우 요만큼밖에 못 했네.

3. 너뿐만 아니라

4. 민족의 바람은 통일뿐이다.

5. 사과는커녕 화를 내고 있다.

소리 내어 읽으며 한 번 더 써 보세요.

1.

2.

3.

4.

5.

단추를 누르면 낙하산으로도 변해요.

1

단	추	를		누	르	면		낙	하	산	으	로	도	
변	해	요	.											

2

기	린	은		목	과		다	리	가		길	어	

3

나	라	마	다		인	사	하	는		법	이		달	
라	요	.												

4

끝	까	지		이	곳	을		지	키	겠	다	.	

바르게 띄어 써 보세요.

꽃으로만든음식은보는것만으로도기분이좋습니다.

바르게 따라 써 보세요.

1 단추를　누르면　낙하산으로도
변해요.

2 기린은　목과　다리가　길어

3 나라마다　인사하는　법이　달
라요.

4 끝까지　이곳을　지키겠다.

소리 내어 읽으며 한 번 더 써 보세요.

1

2

3

4

빨간불인데 건너면 안 돼!

1 | 빨 | 간 | 불 | 인 | 데 | | 건 | 너 | 면 | | 안 | | 돼 | ! |

2 | 고 | 마 | 워 | , | | 얘 | 들 | 아 | . | | | | | |

3 | 상 | 대 | 에 | 게 | | 가 | 까 | 이 | | 다 | 가 | 가 | 서 | |

4 | 게 | 으 | 른 | | 녀 | 석 | 에 | 게 | 는 | | | | | |

5 | 선 | 생 | 님 | 께 | 서 | 는 | | 고 | 운 | | 말 | 을 | | 사 |
  | 용 | 하 | 라 | 고 | | 하 | 셨 | 다 | . | | | | | |

바르게 띄어 써 보세요.

우리마을에는탐스러운과일이열립니다.

바르게 따라 써 보세요.

1. 빨간불인데 건너면 안 돼!

2. 고마워, 애들아.

3. 상대에게 가까이 다가가서

4. 게으른 녀석에게는

5. 선생님께서는 고운 말을 사용하라고 하셨다.

소리 내어 읽으며 한 번 더 써 보세요.

1.

2.

3.

4.

5.

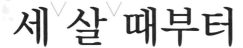
세 살 때부터

1 | 세 | 살 | 때 | 부 | 터 | | | | | |

2 | 추 | 위 | 로 | 부 | 터 | | 몸 | 을 | | 보 | 호 | 해 | 요 | . |

3 | 아 | 직 | | 눈 | 곱 | 만 | | 한 | | 콩 |

4 | 입 | 이 | | 쟁 | 반 | 만 | | 하 | 게 | | 커 | 졌 | 다 | . |

5 | 놀 | 기 | 만 | | 하 | 였 | 습 | 니 | 다 | . |

바르게 띄어 써 보세요.

나무로악기만만들수있는것은아닙니다.

바르게 따라 써 보세요.

① 세 살 때부터

② 추위로부터 몸을 보호해요.

③ 아직 눈곱만 한 콩

④ 입이 쟁반만 하게 커졌다.

⑤ 놀기만 하였습니다.

소리 내어 읽으며 한 번 더 써 보세요.

①

②

③

④

⑤

두시 삼십분 오초입니다.

1 | 두 | 시 | | 삼 | 십 | 분 | | 오 | 초 | 입 | 니 | 다 | . | |

2 | 80 | 00 | 원 | 입 | 니 | 까 | ? | | | | | | | |

3 | 7 | 미 | 터 | 만 | | 더 | | 가 | 세 | 요 | . | | | |

4 | 우 | 리 | | 집 | 은 | | 6 | 층 | 이 | 에 | 요 | . | | |

5 | 20 | 15 | 년 | | 10 | 월 | | 1 | 일 | | | | | |

우리 말 띄어쓰기   아홉 번째 약속

시간은 붙여 써요.
수와 단위는 띄어 쓰는 것이 원칙이지만, 많은 사람이 시간을 나타내는 수와 단
위를 붙여 쓰기 때문에 붙여 쓰는 것도 허용한답니다.

바르게 따라 써 보세요.

1. 두 시 　 삼 십 분 　 오 초 입 니 다 .

2. 8000 원 입 니 까 ?

3. 7 미 터 만 　 더 　 가 세 요 .

4. 우 리 　 집 은 　 6 층 이 에 요 .

5. 2015 년 　 10 월 　 1 일

소리 내어 읽으며 한 번 더 써 보세요.

1.

2.

3.

4.

5.

언니는ˇ10살이에요.

1 | 언 | 니 | 는 | | 10 | 살 | 이 | 에 | 요 | . | | | | |

2 | 초 | 등 | 학 | 교 | | 3 | 학 | 년 | | | | | | |

3 | 14 | 21 | 동 | | 15 | 03 | 호 | | | | | | | |

4 | 학 | 생 | 이 | | 12 | 30 | 명 | | 정 | 도 | | | | |

5 | 1 | 00 | 미 | 터 | | 달 | 리 | 기 | | | | | | |

우리 말 띄어쓰기   열 번째 약속

아라비아숫자(1, 2, 3, 4, 5, 6⋯)와 함께 어울려 쓰이는 경우 수와 단위를 붙여 쓰기도 한답니다.

바르게 따라 써 보세요.

1. 언니는　10살이에요.

2. 초등학교　3학년

3. 1421동　1503호

4. 학생이　1230명　정도

5. 100미터　달리기

소리 내어 읽으며 한 번 더 써 보세요.

1.

2.

3.

4.

5.

정답

14쪽 우리는자매지만서로안닮았어요.

우	리	는		자	매	지	만		서	로		안	
닮	았	어	요	.									

16쪽 집에혼자있을때뭐하고노니?

집	에		혼	자		있	을		때		뭐	하	고
노	니	?											

18쪽 복도에서넘어졌는데안아픈지더놀고싶어해.

복	도	에	서		넘	어	졌	는	데		안		아
픈	지		더		놀	고		싶	어		해	.	

20쪽 밤을팔아서돈을더벌었대.

밤	을		팔	아	서		돈	을		더		벌	었
대	.												

22쪽 자신있게말했다고선생님께서칭찬해주셨다.

자	신		있	게		말	했	다	고		선	생	님
께	서		칭	찬	해		주	셨	다	.			

26쪽 둘째토요일에우리다같이만나요!

| 둘 | 째 | | 토 | 요 | 일 | 에 | | 우 | 리 | | 다 | | 같 |
| 이 | | 만 | 나 | 요 | ! | | | | | | | | |

28쪽 선물은정성들여골라야한다.

| 선 | 물 | 은 | | 정 | 성 | | 들 | 여 | | 골 | 라 | 야 | |
| 한 | 다 | . | | | | | | | | | | | |

32쪽 배추서른포기로김장을했어요.

| 배 | 추 | | 서 | 른 | | 포 | 기 | 로 | | 김 | 장 | 을 | |
| 했 | 어 | 요 | . | | | | | | | | | | |

34쪽 우리 말 퀴즈!

🍀 알맞은 단위끼리 줄로 이어 보세요.

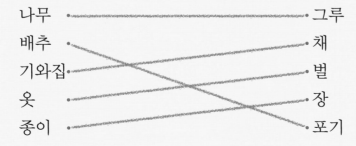

나무 ————————————— 그루
배추 ——— 채
기와집 ——— 벌
옷 ——— 장
종이 ——— 포기

42쪽 옷을입은채로수영을했어요.

| 옷 | 을 | | 입 | 은 | | 채 | 로 | | 수 | 영 | 을 | | 했 |
| 어 | 요 | . | | | | | | | | | | | |

44쪽 배탈이난것도모르고먹을것을권했어요.

| 배 | 탈 | 이 | | 난 | | 것 | 도 | | 모 | 르 | 고 | | 먹 |
| 을 | | 것 | 을 | | 권 | 했 | 어 | 요 | . | | | | |

48쪽 선생님께서말씀하신대로숙제를했어요.

| 선 | 생 | 님 | 께 | 서 | | 말 | 씀 | 하 | 신 | | 대 | 로 | |
| 숙 | 제 | 를 | | 했 | 어 | 요 | . | | | | | | |

50쪽 담이없기때문에탱자나무로울타리를만들테야!

| 담 | 이 | | 없 | 기 | | 때 | 문 | 에 | | 탱 | 자 | 나 | 무 |
| 로 | | 울 | 타 | 리 | 를 | | 만 | 들 | | 테 | 야 | ! | |

52쪽 천연색소는음식을돋보이게합니다.

| 천 | 연 | | 색 | 소 | 는 | | 음 | 식 | 을 | | 돋 | 보 | 이 |
| 게 | | 합 | 니 | 다 | . | | | | | | | | |

54쪽 숯이냄새와잡균을없애준다니고마울따름이다.

숯	이		냄	새	와		잡	균	을		없	애
준	다	니		고	마	울		따	름	이	다	.

60쪽 백구는이름에서알수있듯이하얀털을가졌다.

백	구	는		이	름	에	서		알		수		있
듯	이		하	얀		털	을		가	졌	다	.	

62쪽 할머니께서메주를방에매달아놓으셨다.

할	머	니	께	서		메	주	를		방	에		매
달	아		놓	으	셨	다	.						

64쪽 이책을우리반친구들에게도소개해주고싶습니다.

이		책	을		우	리		반		친	구	들	에
게	도		소	개	해		주	고		싶	습	니	다	.

76쪽 웃어른께는높임말을써야해요.

웃	어	른	께	는		높	임	말	을		써	야
해	요	.										

117

80쪽 안쓰러운눈으로나를내려다보았다.

안	쓰	러	운		눈	으	로		나	를		내	려
다	보	았	다	.									

82쪽 할아버지가돌아가시고난뒤

할	아	버	지	가		돌	아	가	시	고		난	
뒤													

84쪽 독수리가하늘위로날아갔다.

독	수	리	가		하	늘		위	로		날	아	갔
다	.												

86쪽 다리를번쩍들고뛰어올랐다.

다	리	를		번	쩍		들	고		뛰	어	올	랐
다	.												

88쪽 집을지을때는여러가지재료가필요합니다.

집	을		지	을		때	는		여	러		가	지
재	료	가		필	요	합	니	다	.				

90쪽 바느질을도와주는일곱동무가있었어요.

| 바 | 느 | 질 | 을 | | 도 | 와 | 주 | 는 | | 일 | 곱 | | 동 |
| 무 | 가 | | 있 | 었 | 어 | 요 | . | | | | | | |

92쪽 서로잘못한것을깨닫고부끄러워했어요.

| 서 | 로 | | 잘 | 못 | 한 | | 것 | 을 | | 깨 | 닫 | 고 |
| 부 | 끄 | 러 | 워 | 했 | 어 | 요 | . | | | | | |

102쪽 꽃으로만든음식은보는것만으로도기분이좋습니다.

| 꽃 | 으 | 로 | | 만 | 든 | | 음 | 식 | 은 | | 보 | 는 |
| 것 | 만 | 으 | 로 | 도 | | 기 | 분 | 이 | | 좋 | 습 | 니 | 다 | . |

104쪽 우리마을에는탐스러운과일이열립니다.

| 우 | 리 | | 마 | 을 | 에 | 는 | | 탐 | 스 | 러 | 운 | | 과 |
| 일 | 이 | | 열 | 립 | 니 | 다 | . | | | | | | |

106쪽 나무로악기만만들수있는것은아닙니다.

| 나 | 무 | 로 | | 악 | 기 | 만 | | 만 | 들 | | 수 | | 있 |
| 는 | | 것 | 은 | | 아 | 닙 | 니 | 다 | . | | | | |